인물로 시작하는 한국사 첫걸음

조선을 꽃피운 위대한 임금

이정주 글 | 김호랑 그림

스푼북

책 속에서 만난 친구

　세종 대왕은 우리 역사에서 이순신 장군과 더불어 가장 존경받는 인물이에요.

　세종 대왕의 가장 위대한 업적은 역시 한글을 창제한 것이지요. 그리고 하늘과 별, 날씨를 연구해 과학을 크게 발전시키기도 했어요. 그 밖에도 세종 대왕의 업적은 셀 수 없이 많답니다.

　그런데 그 모든 일에 출발점이자 공통점이 있어요. 바로 '백성이 잘사는 나라를 만들고자 하는 마음', 곧 '애민 정신'이지요.

　세종 대왕의 애민 정신은 한 나라의 정치 지도자가 가져야 할 덕목이 무엇인지를 보여 줘요. 여러분이 나중에 정치 지도자가 되거나, 정치 지도자를 뽑는다면, 가장 먼저 국민을 사랑하는 마음이 있는지를 살펴야 해요. 정치 지도자는 국민의 삶이 나아지게 하는 사람이어야 하거든요. 세종 대왕처럼 말이에요.

　이 책은 모두 알고 있는 세종 대왕의 업적은 물론 비교적 덜 알려진 업적도 골고루 담았어요. 숨겨졌던 이야기를 끄집어내 세종 대왕이 얼마나 시대를 앞서간 '혁신가'였는지를 알려 주고 싶었거든요.

　역사는 이야기로 들었을 때 가장 재미있고, 재미있는 이야기는 쉽게 잊

히지 않아요. 《조선을 꽃피운 위대한 임금》이 두고두고 여러분의 기억에 남는 재미있는 역사 이야기가 되길 바랍니다.

   그럼 지금부터 정치, 경제, 국방, 사회, 과학, 문화 등 모든 분야에서 찬란한 업적을 이룬 조선의 제4대 왕, 세종 대왕을 만나 볼까요?

글쓴이 이 정 주

차례

나라와 백성을 사랑한 임금
세종 대왕 … 6

아버지와 아들

왕이 걷는 새로운 길

땅과 백성

하늘과 별

백성을 위한 글자를 만들다

백성을 사랑한 임금

인물의 발자취를 찾아 떠나는 여행 … **84**

인물 연표 … **96**

찾아보기 … **98**

나라와 백성을 사랑한 임금

세종 대왕

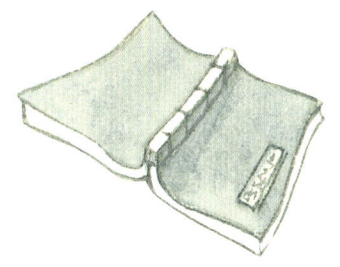

아버지와 아들

　주변이 모두 어둠에 싸인 깊은 밤, 궁궐 안쪽 방에서 작은 불빛이 새어 나오고 있었다. 방 안에서는 충녕이 책을 읽고 있었다.
　"이 문장이 이런 뜻이었구나! 낮에 읽을 때는 제대로 이해하지 못했는데, 다시 읽으니 알겠다. 역시 책을 100번 읽으면, 100번의 깨달음이 있다니까!"
　늦게 일을 마친 임금 태종이 침전*으로 향하다 불이 켜진 방을 바라보았다. 태종이 내시에게 물었다.
　"또 충녕이 책을 읽고 있는 것이냐?"
　"그러하옵니다. 아까 밤이 깊었으니 책을 덮고 잠자리에 드시라고 말씀드렸는데, 아직도 책을 읽으시는 모양입니다."
　"정작 공부를 해야 할 세자는 밖으로 나돌기만 하는데 충녕은 밤낮을 가리지 않고 책을 읽다니. 내가 너무 일찍 세자를 정한 듯하구나……."
　태종은 문밖으로 비치는 셋째 아들 충녕의 그림자를 사랑스러운

---

* 침전: 임금의 침실이 있는 건물.

듯, 안타까운 듯 바라보았다. 태종의 머릿속에 험난했던 조선 건국 초기의 일들이 떠올랐다.

조선을 세운 태조 이성계는 태종 이방원의 아버지로, 고려의 용감한 장군이었다. 이성계는 무너져 가던 고려를 끝내고 새 나라 조선을 건국했다. 그런 이성계를 도운 것은 성리학*을 공부하고 과거에 합격해 관리가 된 신진 사대부들이었다. 이성계와 신진 사대부들은 유교적 가치로 다스리는 새로운 나라를 꿈꾸며 조선을 세웠지만 그 시작은 순조롭지 못했다.

이방원은 누구보다도 앞장서 아버지의 조선 건국을 도왔다. 하지만 왕이 된 이성계는 이방원이 아닌 여덟째 아들 이방석을 세자로 삼았다.

"새 나라 조선을 세우는 데 걸림돌이 되는 일들을 도맡아 처리하며 누구보다 노력한 나를 모른 척하시다니!"

분노한 이방원은 세자를 세우는 데 큰 역할을 한 정도전을 죽였다. 정도전은 이성계의 가장 가까이에서 조선 건국을 준비하고 나

* 성리학: 유교의 한 갈래로 사람의 성품과 우주의 원리 등을 연구하는 학문.

라의 기틀을 세운 신하였다.

'정도전이 어린 방석을 세자로 삼은 건 왕을 제 마음대로 다루며 왕보다 더 큰 권력을 가지려는 것이다. 신진 사대부들이 조선을 세우는 데 함께한 것은 맞지만 권력을 쥐고 나라를 좌지우지하게 둘 수 없어! 지금 조선은 강력한 왕권으로 나라의 기초를 튼튼히 해야 할 시기다. 그러기 위해서는 내가 왕이 되어야 해.'

결국 왕이 되고 싶었던 이방원은 이복동생*들은 물론 친형제들까지 죽이거나 귀양**을 보내 버린 끝에 왕위에 올랐다.

태종은 왕이 되자마자 나라의 모든 제도를 바꾸어 왕권을 강화했다. 그리고 곧바로 자신의 첫째 아들 양녕을 세자로 정했다.

'다음 왕위를 두고 내가 겪었던 일과 같은 혼란이 다시는 일어나선 안 돼!'

태종은 세자를 일찍 정하는 것이 혼란을 줄이는 길이라 생각하고 양녕을 세자로 세운 것이었다.

하지만 양녕은 놀이와 술에 빠져 살았다. 학문은 뒷전이고, 세자

* 이복동생: 아버지는 같고 어머니가 다른 동생.
** 귀양: 죄인을 먼 곳이나 외딴섬에 보내어 살게 하던 형벌.

가 해야 하는 일에 관심이 없었다.

"서촌에 멋진 술집이 생겼다던데, 오늘 밤 그 술집에 가야겠다. 준비해라."

"세자 저하, 아니 되옵니다. 곧 서연*이 있습니다."

"서연? 그런 따분한 일이 뭐가 중요해?"

그때 동생 충녕이 양녕의 방에 찾아왔다. 충녕은 화려한 비단옷을 차려입은 양녕에게 물었다.

"형님, 어디 나가십니까?"

"궁궐 밖에 볼일이 있어 준비하고 있었다. 그런데 충녕아, 오늘 내 옷차림이 어떠하냐?"

"곧 서연을 시작할 시간이라고 들었는데, 화려한 차림으로 외출하십니까?"

"아바마마도 안 계시는데, 내 마음이지, 뭐!"

양녕의 비뚤어진 행동은 점점 심해졌다. 사냥에 빠져 지내는가 하면, 남편이 있는 여성을 빼앗다시피 궁궐로 데리고 들어와서 아기까지 낳게 했다. 이 일로 태종은 크게 화가 났다.

* 서연: 조선 시대에 세자가 받던 교육.

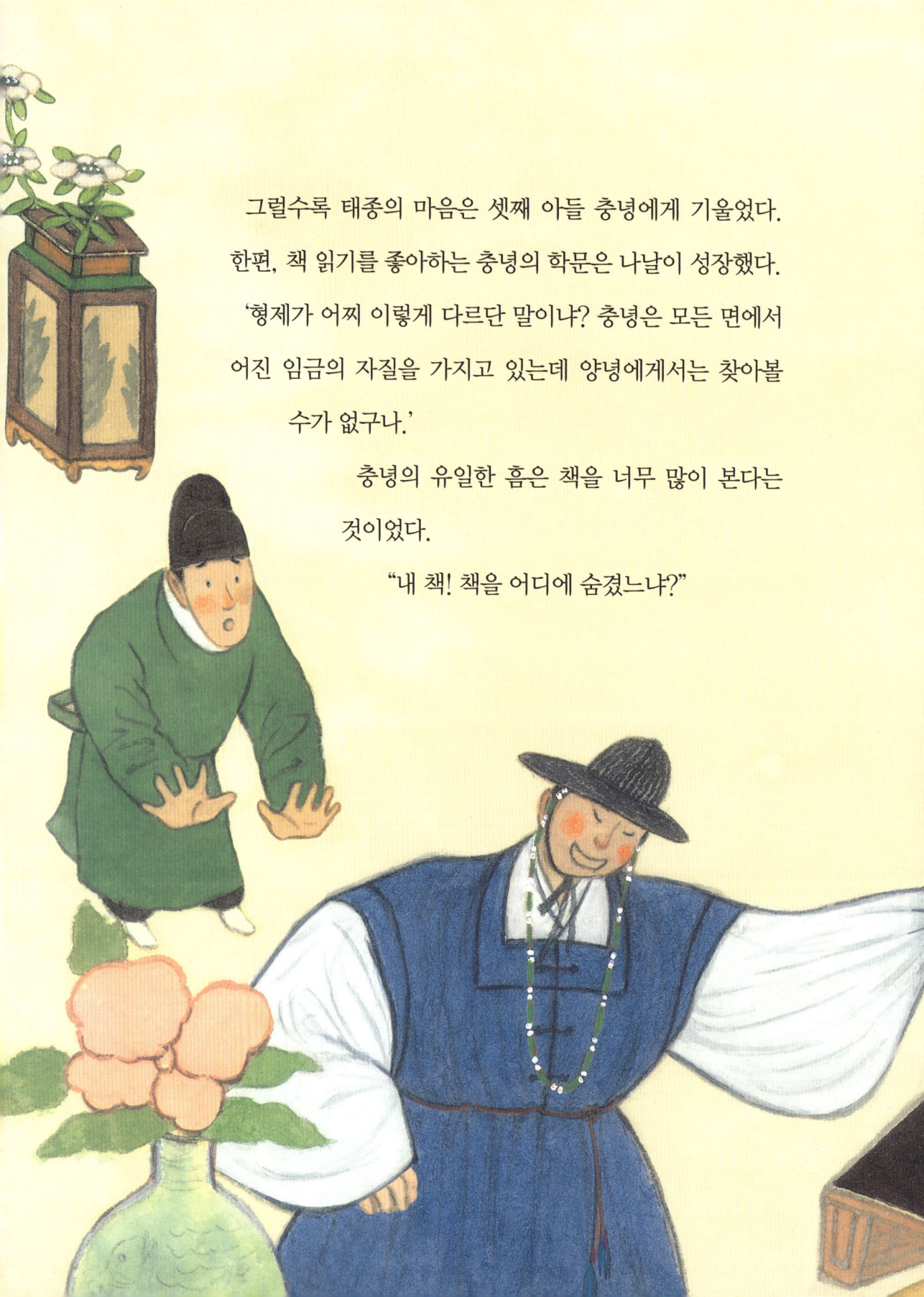

그럴수록 태종의 마음은 셋째 아들 충녕에게 기울었다. 한편, 책 읽기를 좋아하는 충녕의 학문은 나날이 성장했다.
'형제가 어찌 이렇게 다르단 말이냐? 충녕은 모든 면에서 어진 임금의 자질을 가지고 있는데 양녕에게서는 찾아볼 수가 없구나.'

충녕의 유일한 흠은 책을 너무 많이 본다는 것이었다.

"내 책! 책을 어디에 숨겼느냐?"

"병이 다 나을 때까지 책을 읽지 못하게 하라고 전하께서 명하셨습니다."

충녕이 밤을 새워 책을 읽다가 병이 나자 태종은 신하들에게 충녕의 방에서 책을 모두 치우라고 명령을 내렸다. 그런데 병풍 아래에 책 한 권이 남겨져 있었다. 그것을 발견한 충녕은 자리에 누워 그 책을 읽고 또 읽으며 기뻐했다.

'아무리 생각해도 충녕이 이 나라 조선을 이끌 왕으로 적합하다!'

너무나 다른 두 아들을 지켜본 태종은 드디어 결단을 내렸다.

태종은 14년 동안 세자로 있던 양녕을 폐위하고*, 충녕을 세자로 정했다. 온 나라가 발칵 뒤집혔다. 신하들이 말렸지만, 태종은 한 번 정한 뜻을 굽히지 않았다.

"첫째 아들이냐, 셋째 아들이냐보다 중요한 것은 나라를 이끌 자질을 지녔는가이다. 조선의 미래가 달린 중요한 일인 만큼 신중히 생각하고 내린 결정이니, 더 이상 이 일에 대해 말하지 말라."

소식을 들은 충녕은 깜짝 놀라 태종에게 찾아가 그 앞에 엎드렸다.

"아바마마, 뜻을 거두어 주시옵소서. 형님이 이미 세자로 정해진 지 오래인데, 제가 어찌 그 자리를 대신하겠습니까?"

충녕의 말에 태종이 무겁게 입을 열었다.

"조선은 세워진 지 얼마 되지 않아 아직도 나라가 어수선하다. 지금 조선에는 진정으로 나라와 백성을 위하는 왕이 필요하다."

"제가 어찌 그런 왕이 될 수 있겠습니까?"

"자신의 부족함을 아는 사람만이 더 겸손하게 노력할 수 있다. 왕의 자리는 나라와 백성을 위해 끊임없이 노력해야 하는 자리이다. 충녕, 이 아비 또한 어렵게 내린 결정이다. 왜 그런 어려운 결정을

* 폐위하다: 왕이나 왕비, 세자의 자리에서 내려오게 하다.

내렸는지는 너도 이미 알 것이다."

태종의 깊은 뜻을 들은 충녕은 더는 거부할 수 없었다.

'아바마마의 말씀처럼 온 힘을 다해 나라와 백성을 위하는 왕이 되겠습니다!'

1418년, 충녕은 세자가 된 지 두 달 만에 왕의 자리에 올랐다. 그가 바로 조선의 제4대 임금 세종이다. 태종은 아들에게 왕위를 물려주고 상왕이 되어 해야 할 일을 가르쳤다.

'아버지께서는 세자로서 보낸 시간이 짧았던 나를 왕으로 훈련시키기 위해 이런 결정을 하신 거야. 아버지의 깊은 뜻을 헤아려 하루빨리 왕에게 필요한 지혜를 갖추고 경험을 쌓자.'

세종은 4년 남짓 중요한 나랏일을 태종과 상의하여 결정했다. 그러는 사이 세종은 임금의 역할과 책임을 배워 나갔다.

왕이 걷는 새로운 길

'아무리 왕이 지혜롭다고 해도 한 사람이 여러 사람의 지혜를 뛰

어넘을 수는 없다. 나라를 잘 이끌기 위해서는 지혜로운 인재들이 있어야 해.'

세종은 성리학을 깊이 연구하고 나라의 새로운 정책과 제도를 만들어 갈 인재를 모을 방법을 생각했다. 그러다가 집현전을 떠올렸다. 집현전은 궁중 학문 연구 기관으로 고려 때부터 이어지고 있었지만, 지금은 이름만 남은 채 별 중요한 일을 하지 못하고 있었다.

세종은 집현전을 왕이 직접 운영하는 도서관이자 연구소로 만들 계획을 세웠다.

"학문이 뛰어나고 행실이 바른 선비를 뽑아 학문을 연구하고 책을 펴내는 일을 맡길 것이다."

세종은 과거 시험에 합격한 사람 중에서도 특별한 인재들을 골라 집현전으로 보냈다. 이렇게 뽑힌 사람들을 '집현전 학사'라고 불렀다.

집현전 학사들은 중국의 다양한 책을 연구했다. 그리고 국가 운영에 필요한 역사, 유교, 의례*, 병법**, 법률, 천문학 등의 책을 펴

---

* 의례: 행사를 치르는 일정한 법도와 양식.

** 병법: 군사를 지휘하여 전쟁하는 방법.

내는 일을 했다. 또한 집현전 학사들은 왕에게 유교 경전을 해설하고 함께 토론하는 경연을 담당했다. 세자를 교육하는 서연과 외국에 보낼 중요한 문서를 작성하는 업무도 맡았다.

"조선의 세금 제도를 고치고자 한다. 집현전 학사들은 공평하고 효율적인 세금 제도를 연구해서 보고하라!"

세종의 지시에 따라 집현전 학사들은 백성의 생활과 밀접한 천문, 지리, 농업, 의술 등 다양한 주제를 연구했다. 나라를 다스리는 데 필요한 지식이라면 세종은 무엇이든 알고 싶어 했다.

"역대 왕조들이 감옥을 어떻게 관리했는지 조사해 가져오라."

"전하, 감옥에 관한 기록이 왜 필요하신지요?"

"요즘 날씨가 너무 더워 옥에 갇힌 죄수들이 목숨을 잃을까 걱정스럽다. 조사하는 김에 더운 여름철에 죄수들의 건강에 보탬이 될 만한 것이 있는지 관련 기록도 찾아오라."

세종의 지시가 너무 많아서 집현전 학사들은 늘 바빴다. 학사들은 아침 일찍 출근해서 밤늦게까지 책을 읽고, 세종에

게 보고할 자료를 만들어야 했다. 유교 경전을 분석하거나, 역사서에서 관련 기록을 찾다 보면 밤을 새우기 일쑤였다.

"다음 경연은 《자치통감강목》으로 하는 것이 어떻겠는가?"

"송의 역사서 《자치통감강목》 말씀입니까?"

"그러하네. 1362년간의 역사를 담은 《자치통감》의 내용을 정리한

것이니 그만큼 인물, 제도, 사건에 대한 풍부한 자료가 되지 않겠는가?"

"저, 저, 전하……. 그 책은 무려 59권이나 되옵니다. 그 많은 책을 어떻게……."

"59권을 읽고 토론하면 얼마나 나눌 이야기가 많겠는가?"

세종의 열정에 신하들은 모두 놀라움을 금치 못했다.

"전하께서 저렇게 학문을 사랑하시고 깊이 연구하시니 신하인 우리가 어찌 편하게 있겠는가?"

"집현전 학사들이 오로지 학문에만 전념할 수 있도록 해 주시는 것도 그렇지. 계절마다 귀한 과일도 보내 주시고 말이야."

"맞네. 필요한 책이라면 어떻게 해서든 구해 주시고, 학문 연구에 필요한 것은 무엇이든 지원을 아끼지 않으시지."

"전하께서 늘 말씀하시지 않나. '그대들이 할 일은 정치, 문화, 과학을 가리지 않고 그 무엇이든 열심히 연구하여 나라를 발전시키고 백성들을 돕는 일이다.'라고 말일세."

집현전 학사들 또한 세종의 마음을 알기에 학문을 게을리할 수 없었다.

하지만 세종의 이런 열정은 결국 병으로 이어졌다. 너무 일을 많이 해서 눈병이 난 것이었다. 세종은 치료를 위해 온양 행궁*으로 향했다. 온양 온천의 물이 눈병에 효과가 있었기 때문이다.

행궁에 도착하자 간식이 올라왔다.

"주악**이 참으로 맛있구나! 이 주악을 만든 이가 누구냐?"

"온양 관청 소속 노비인 유월이의 솜씨이옵니다. 태어난 곳이 개성이라 그곳에서 주악 만드는 방법을 배웠다고 하옵니다."

* 행궁: 임금이 궁 밖으로 행차할 때 임시로 머무는 궁궐.
** 주악: 찹쌀가루를 반죽하여 대추·밤·팥 등을 넣고 송편 모양으로 빚은 다음, 기름에 지져 꿀을 바른 음식.

　주악을 맛있게 먹은 세종은 유월이의 이름을 기억했다. 그런데 몇 해 뒤, 다시 눈병이 난 세종이 온양 행궁에 갔는데 주악이 올라오지 않았다.

"이번에는 왜 주악이 없느냐? 유월이가 만든 주악을 먹을 것이라 기대했는데."

"전하, 유월이가 얼마 전 세상을 떠났사옵니다. 그 뒤로 주악을 만들 줄 아는 이가 없어서……."

"건강하던 유월이가 왜 갑자기?"

"죽기 얼마 전 아기를 낳았는데, 쉬지 못하고 밭일을 하다가 쓰러져, 그대로 세상을 떠났습니다."

"왜 쉬지를 못해? 관청에 소속된 여성 노비가 아기를 낳으면 7일 동안 휴가를 주도록 되어 있지 않느냐?"

"법에는 그리 적혀 있으나, 그것이 잘 지켜지지 않고 있사옵니다. 한창 바쁜 농사철에 일손이 모자라다 보니 아기를 낳고 바로 일했던 모양입니다."

"당장 유월이의 남편을 불러오너라. 내가 좀 더 알아봐야겠다."

세종은 유월이의 남편을 불러 물었다.

"아기를 낳은 산모는 잘 쉬어야 몸을 회복할 수 있다는 것은 누구나 아는 사실이다. 아기를 낳은 유월이를 어찌 바로 일터로 내보냈느냐?"

세종 앞에 머리를 조아린 남자는 울음을 터뜨렸다.

"관청에서 농사일할 사람이 필요하다고 다그쳐서 하루도 제대로 쉬지 못했습니다. 결국 더운 날 햇볕 아래에서 일하다가 쓰러져 깨어나지 못했습니다. 흑흑."

"아기 낳은 지 얼마 되지 않은 사람이 그렇게 힘든 일을 했으니……. 어미도 없이 아기는 괜찮은가?"

"어미가 일하느라 제대로 돌보지 못해 아기도 3일 후 제 어미를 따라갔습니다."

"어린 생명마저 놓치다니! 너라도 아기를 돌볼 수는 없었느냐?"

"소인 또한 노비 신분이라 아내와 아기를 돌볼 틈도 없이 일해야 했습니다."

이야기를 다 듣고 난 세종은 깊은 한숨을 내쉬었다. 한양으로 돌아온 세종은 얼마 뒤 깜짝 놀랄 정책을 내놓았다.

"관청 소속의 여성 노비가 아기를 낳으면 100일 동안 쉬면서 몸을 추스르고, 아기를 돌보게 하라!"

신하들의 반대가 빗발쳤다.

"전하, 아니 되옵니다. 노비에게 100일 동안 휴가를 주다니요! 노비가 쉬면 농사일은 누가 하고, 관청의 허드렛일은 누가 합니까?"

"노비도 사람이다. 임금은 마땅히 그들 역시 보호해야 한다!"

세종은 여기에서 그치지 않았다. 여성이 아기 낳기 직전까지 일하다가 몸이 지친 상태에서 아기를 낳는 것 역시 적절하지 않다고 생각했다.

"여성 노비에게 아기 낳기 전 30일간의 휴가를 더 주어라. 충분히 쉬고 건강한 상태에서 아기를 낳을 수 있도록 하라."

세종의 정책으로 여성 노비들은 아기를 낳기 전후로 130일까지 쉴 수 있었다. 나중에는 관청의 남성 노비에게도 휴가를 주었다.

"아내가 아기를 낳은 남성 노비에게도 30일간의 휴가를 주어 아내와 아기를 돌보게 하라."

세종은 신분, 성별에 상관없이 백성을 소중히 여기는 임금이었다. 백성을 위하는 일이라면 과감하게 새로운 정책을 추진했다.

세종은 너무 많은 일을 한 탓에 눈병은 물론 두통과 허리 통증,

종기로 고생했다. 하지만 건강이 나빠지면서도 백성들의 생활과 고통을 살피는 일을 게을리하지 않았다. 그날도 세종은 사형을 내려야 하는 죄인에 관한 기록을 읽고 있었다.

"황해도 곡산에 사는 약노라는 여인이 이상한 주문을 외워 이웃 사람을 죽였다고? 어떤 주문이기에 사람을 죽게 했다는 것인가?"

관아에서 사형을 선고해야 한다고 올린 약노의 기록을 살펴보던 세종은 무엇인가 이상하다고 생각했다.

"관리가 이상하게 여겨 닭과 돼지 앞에서 주문을 외우게 했는데 동물들은 죽지 않았다……. 그렇다면 주문이 효과가 없다는 것인데, 결국 사형으로 의견을 올리다니!"

세종은 이 사건을 의금부로 내려보내 다시 조사하도록 명했다. 의금부는 임금의 명령에 따라 중요한 죄인을 심문하는 관아였다. 의금부 조사에서도 약노는 처음 관리에게 말했던 대로 "내가 이웃 사람을 죽였으니 빨리 나를 죽여 주시오."라고 했다.

세종은 이 또한 이상하게 여겼다.

"보통의 죄인은 죄를 짓지 않았다고 우기는데, 이 여인은 죄를 인정하며 빨리 죽여 달라고 하는 점이 이상하구나. 더 높은 관리를 보내 무슨 사연인지 알아 오라."

그제야 임금의 깊은 뜻을 알게 된 약노는 서럽게 울며 사실을 말했다.

"저는 저주 주문이라는 것을 알지도 못합니다. 제가 준 밥을 먹고 이웃 사람이 죽으니 관아에서 저를 잡아다가 때리고 겁을 주었습니다. 죄를 인정할 때까지 매를 때린다는 협박에 결국 견디지 못하고 저주 주문을 외웠다고 거짓을 말했습니다."

세종은 조사 자료를 꼼꼼히 읽고 난 뒤, 무죄 판결을 내리고 약노를 풀어 주었다.

"단 한 사람이라도 억울하게 죽는 일이 없도록 사형 죄는 반드시 세 번 조사하라! 죄가 의심된다 해도 먼저 백성으로 보호하라."

세종은 사형에 해당하는 죄를 지은 경우 반드시 세 번에 걸쳐 조사한 뒤에 판결하는 금부삼복법을 시행했다. 억울하게 벌을 받는 사람이 생기지 않도록 철저히 조사하고, 공정하게 판결하려는 것이었다.

땅과 백성

"주상*, 왜구의 침입에 어떻게 대처하는 것이 좋겠습니까?"

상왕으로서 군사와 관련한 일을 직접 지휘하고 있던 태종이 세종에게 물었다.

세종이 막 왕위에 올랐을 무렵 가장 시급한 문제는 왜구를 처리하는 일이었다. 왜구는 일본의 해적들로 배를 타고 조선을 드나들며 사람을 해치고, 재물을 빼앗았다.

당시 조선은 나라를 세운 지 얼마 되지 않아 법과 제도가 지방까지 미치지 못하는 상황이었다. 국경선이나 영토를 지키는 국방력도 온전하지 않았다. 이를 틈타 왜구들이 조선의 해안에 나타나 백성들을 괴롭혔다. 왜구는 조선인의 집을 불태우고, 어부들의 배를 빼앗았다. 백성들이 피땀 흘려 농사지은 곡식을 훔쳐 갔으며 사람을 죽이는 일도 서슴지 않았다. 왜구들 때문에 조선 백성의 피해가 이만저만이 아니었다.

"바다에 익숙한 왜구와 달리 우리 조선군은 육지에서 강합니다.

* 주상: '임금'을 달리 이르는 말.

그러니 육지에서 기다렸다가 방어를 하는 것이 어떨까 하옵니다."

"주상, 적이 공격해 오는데 방어만 하고 있다면 적은 더 거세게 달려들 것입니다."

군대를 지휘하는 일에서 세종은 아직 경험이 부족했다. 왜구를 물리치는 일은 태종이 앞장서서 계획을 세우고, 세종은 뒤에서 아버지가 하는 일을 도왔다.

태종은 왜구를 물리친 경험이 많은 이종무 장군을 불렀다.

"어떻게 왜구를 몰아내야 하겠는가?"

"육지까지 올라온 왜구를 막기만 한다면 왜구의 노략질*이 언제든 또 일어날 것입니다. 왜구의 소굴인 쓰시마섬을 공격해서 적들

* 노략질: 떼를 지어 다니며 사람을 해치거나 재물을 강제로 빼앗는 짓.

의 뿌리를 뽑아야 합니다."

"내 뜻도 그러하다. 이종무 장군은 당장 쓰시마섬으로 가서 왜구를 소탕하라*!"

이종무 장군은 군대를 이끌고 가서 쓰시마섬을 공격했다.

"조선군이 쳐들어왔다!"

* 소탕하다: 휩쓸어 죄다 없애 버리다.

"도망가자!"

갑작스러운 공격에 왜구는 당황하여 우왕좌왕했다.

"공격하라! 다시는 왜구가 조선을 넘보지 못하게 하라!"

"와아아아!"

이종무 장군의 군대는 왜구의 배 100여 척에 불을 지르고, 쓰시마섬 안에 있던 집 2,000여 채를 불태웠다. 조선의 무시무시한 공격을 받은 왜구는 제대로 힘도 써 보지 못하고 무너졌다. 살아남은 왜구들은 산으로, 바다로 도망쳤다. 결국 쓰시마섬의 영주는 이종무 장군에게 항복했다.

"앞으로는 절대 조선 땅에 들어가지 않겠습니다. 제발 군사를 물려 주십시오."

조선군의 승리였다. 세종은 태종과 함께했던 쓰시마섬 정벌을 통해 국토와 백성을 지키는 일의 중요성을 다시 깨달았다.

한편, 조선의 영토 북쪽에서는 여진족이 문제를 일으키고 있었다. 압록강과 두만강 유역에 살던 여진족은 만주 지방의 초원을 누비는 부족답게 말타기를 잘하고, 무예가 뛰어났다. 여진족은 두만강, 압록강 유역은 물론 조선의 국방력이 미치지 못한 함경도와 평안도 일대까지 넘나들었다. 곡식과 가축을 훔치고, 사람까지 해쳐 백성들이 고통을 겪고 있었다. 세종은 신하들을 모아 놓고 여진족을 물리칠 방법을 의논했다.

"여진족의 침입을 막는 근본적인 대책을 세워야 한다. 무슨 좋은 방법이 없겠는가?"

"지금 여진족의 침략으로 문제가 되는 북쪽은 어차피 농사도 잘 되지 않는 추운 지역이옵니다. 그냥 영토를 포기하고 백성들을 안전한 남쪽으로 이동시키는 것이 옳을 줄로 아뢰옵니다."

"여진족이 무서워 우리 영토를 그들에게 내어 주자는 말인가? 압록강 유역은 고구려 시절부터 우리 조상들의 터전이었고 엄연한 조선의 영토이다! 우리 영토를 침략해 백성들을 괴롭히는 도적들을 가만히 두고 볼 수는 없다!"

세종이 호통을 치자 신하들은 북쪽 땅을 포기하자는 말을 더는

할 수 없었다. 세종은 최윤덕 장군을 평안도 도절제사로 임명하고, 1만 5,000여 명의 병사를 내주었다.

최윤덕은 태종 때 여진족을 방어해 큰 공을 세우고 이종무 장군과 함께 쓰시마섬 정벌에도 참여한 장군이었다. 최윤덕 장군과 군사들은 이른 새벽녘, 일곱 방향에서 한꺼번에 여진족을 공격하는 기습 작전을 펼쳤다. 최윤덕 장군이 이끄는 조선군은 큰 승리를 거두었다. 최윤덕 장군은 압록강 주변 네 곳에 여진족의 침입을 막는 국경 수비대 '4군'을 설치했다. 세종은 큰 공을 세운 최윤덕 장군과 군사들에게 상을 내렸다.

압록강뿐 아니라 백두산, 두만강 쪽으로 들어오는 여진족도 문제였다. 세종은 김종서 장군을 불렀다. 김종서는 과거에 급제한 뒤 여러 벼슬을 지낸 믿음직한 신하였다.

"압록강뿐 아니라 백두산과 두만강 쪽으로 침략해 오는 여진족을 막을 대책이 필요하다."

"여진족을 막기 위해서는 백두산 북쪽 두만강 지역에 '진'을 설치해서 국경을 튼튼히 해야 합니다. 그리고 백성들을 그곳에 이주시켜 살게 해야 우리 땅을 지킬 수 있습니다."

　김종서의 계획에 다른 신하들은 비난을 쏟아 냈다.

　"전하, 김종서는 지금 무리한 북진 정책을 주장하고 있습니다. 추워서 농사도 잘되지 않는 데다 날마다 여진족의 노략질이 일어나는 지역에 백성을 보내는 것은 백성을 위험에 빠뜨리는 일이옵니다."

　하지만 북쪽으로 영토를 확장하고자 했던 세종은 김종서의 의견에 손을 들어 주었다.

　"김종서는 백두산과 두만강으로

가서 여진족을 몰아내고 조선의 국경을 지켜라."

김종서는 한걸음에 백두산으로 달려가 그곳에서 여진족과 맞서 싸울 군사들을 훈련시켰다. 그리고 이 지역에서 10여 년을 머물며 여진족을 몰아냈다. 또한 여진족이 다시는 쳐들어오지 못하도록 두만강 하류 지역에 여섯 개의 진을 설치했다.

"백성들 중에 6진 지역으로 가고자 하는 사람이

있다면 그들에게 땅을 주고 세금을 줄여 주겠다."

세종은 적극적으로 백성들을 새로운 영토에 이주시켰다. 자연환경이 다른 땅에서 농사짓는 기술도 알려 주며 백성들이 새로운 땅에 자리 잡을 수 있도록 지원했다.

'국방을 튼튼히 하려면 우리에게 맞는 강한 무기가 필요하다.'

세종은 조선의 국경을 지키는 과정에서 무기의 중요성을 깨달았다. 특히 화약에 불을 붙여 화살이나 포탄*을 발사하는 화포는 전쟁에서 커다란 힘을 발휘했다.

하지만 화포를 만드는 데는 높은 수준의 기술이 필요했다. 기술이 앞선 명의 도움 없이는 어려웠다. 전쟁에 대비하기 위해 화포를 꼭 만들어야 한다고 생각한 세종은 신하들과 의논했다.

"전하, 현재 조선의 기술로는 화포의 성능을 높이기 힘듭니다. 명에서 화포를 수입하거나, 화포 제작 기술자를 데려오는 것이 어떻겠습니까?"

"그것이 가장 쉬운 방법이다. 하지만 그랬을 경우 다른 문제는 없

* 포탄: 대포의 탄알.

겠는가?"

이번에는 다른 신하가 대답했다.

"명이 순순히 화포 제작 기술을 알려 주지 않을 것입니다. 혹시 가르쳐 준다 해도, 화포 제작처럼 어려운 일로 도움을 받으면, 나중에 명이 무리한 요구를 했을 때 거절하기 어려울 것입니다."

"내 생각도 그러하다."

신하들의 의견을 들은 세종은 마음을 정했다.

"현재 조선의 기술로 새로운 화포를 만드는 건 분명 어려운 일이다. 그렇더라도 우리 힘으로 화포를 개발해 우리의 무기를 가져야 할 것이다!"

세종은 화포의 성능을 높이는 기술 개발을 명했다.

화포의 성능을 높이려면 화약의 품질을 개선하는 일이 중요했다. 당시 조선은 화약 기술은 있었지만, 규격이나 품질이 일정하지 않았다.

세종은 신하들과 함께 문제들을 하나씩 해결해 나갔다. 화약의 성능을 높이기 위해 원료인 염초 굽는 방법을 바꾸었다. 또한 화포의 크기와 무게를 줄여 실제 전투에서 움직이기 쉽게 만들었다. 화포와 화약, 포탄의 규격을 맞추기 위해 이전에 쓰던 무기를 녹여 새로 만들기도 했다.

세종은 화포를 만드는 신하들과 의견을 나누는 자리를 자주 마련했다.

"명에서 어렵게 화포를 구해 왔다. 이것을 분석하면 조선의 화포

를 만드는 데 도움이 될 것이다."

한편으로는 새로운 화약을 만드는 방법이 바깥에 알려지지 않도록 보안을 철저히 했다. 비밀을 지키기 위해 세종은 궁 안에 화약 제조 공장을 세웠다. 세종의 관심과 의지 덕분에 조선의 화포 기술은 빠르게 발전했다.

"오늘은 참으로 기쁜 날이다. 예전에는 화포가 200~500보밖에 나가지 못했는데, 오늘 발사한 화포는 화약을 훨씬 적게 넣었는데

도 1,000보를 날아갔다."

"전하, 이제 적이 쳐들어와도 조선은 굳건하게 국토와 백성을 지킬 수 있을 것입니다."

"전쟁에서 화포만큼 유리한 것은 없다. 조선은 이제 그 기술을 지녔다!"

화포 기술자들과 함께 고생하며 모든 과정을 함께한 세종은 이제야 마음 놓고 기뻐할 수 있었다.

하늘과 별

"일식은 세상의 재앙을 알리는 신호이옵니다. 일식이 일어나면 임금과 신하들은 해가 다시 나오기를 기다려 경건한 마음으로 네 번 절을 올려야 합니다."

세종이 왕위에 오른 뒤 얼마 되지 않았을 무렵, 일식이 일어날 것이라는 예측이 있었다. 세종과 신하들은 일식 시간에 맞춰 소복*을

* 소복: 하얗게 차려입은 옷.

입고 태양을 바라보고 있었다. 달이 해를 가리는 현상인 일식은 해가 사라져 낮이 밤처럼 어두워지기 때문에 당시 사람들은 일식을 불길하게 생각했다.

"왕을 상징하는 해가 가려진다는 것은 왕이 덕을 제대로 쌓지 못한 탓이다."

세종은 초조하게 일식을 기다리고 있었다. 하지만 신하들이 예측한 시간이 되어도 일식이 일어나지 않았다.

"이게 어찌 된 일일까?"

"그러게 말이오."

신하들이 서로 바라보며 웅성거리기 시작했다.

한참의 시간이 지난 뒤, 서서히 달과 태양이 겹치기 시작했다. 그제야 세종과 신하들은 해가 다시 나오기를 기원하는 제사를 지냈다. 하늘을 관측하는 관리가 일식 시간을 잘못 계산했던 것이었다.

"전하, 천문을 담당하는 관리들에게 책임을 물어야 합니다."

"맞습니다! 일식이 일어나는 것만으로도 전하의 마음이 편치 않으신데 시간을 잘못 예측해 전하와 모든 신하를 난처하게 하다니요! 당장 저들을 벌하셔야 합니다!"

신하들이 소리를 높였다.

이 일로 관측을 담당한 이천봉이 곤장을 맞았다. 이후 세종은 관측 담당자들을 따로 불러 예측이 틀린 이유를 물었다. 관리들은 명에서 받아 온 역법* 책에 적힌 대로 정확히 계산했다고 대답했다.

"그렇다면 명과 조선의 시간 차이 때문에 일어난 일이 아닌가?"

당시 조선은 명에서 해, 달, 별을 관측한 결과를 가져와 사용했다. 명과 조선은 위도와 경도가 다르기 때문에 서로 다른 위치에서 하늘을 관측하고 정한 시간에 차이가 있었던 것이다.

'명과 조선의 시간 차이 때문에 명의 역법으로는 조선의 천문을 정확하게 예측할 수 없다. 조선에는 조선만의 역법이 필요하다!'

그로부터 몇 해 지난 어느 여름날, 궁궐 밖을 돌아보던 세종은 가뭄으로 말라 버린 땅을 보며 깊은 한숨을 쉬었다.

* 역법: 하늘의 별들이 주기적으로 움직이는 것을 계산해 시간을 구분하는 계산법.

"두 달 넘게 비가 내리지 않고 있다. 비가 내리기를 바라며 하늘에 제사를 지냈건만, 오늘도 하늘은 비를 보내 줄 기미가 없구나."

한창 푸르게 일렁여야 할 논과 밭이 쩍쩍 갈라지고 있었다. 세종은 가뭄으로 흉년이 들어 백성들이 굶주림으로 고통받을 것이 걱정되었다.

"백성들이 눈물과 배고픔으로 하루하루를 보내고 있겠구나. 양식이 곧 백성의 하늘이라고 했거늘."

농사에서 가장 중요한 것은 기후였다. 비가 너무 많이 내려도, 너무 적게 내려도 농사를 제대로 지을 수 없었다. 하지만 기후는 사람이 어찌할 수 없는 일이었다.

세종은 깊은 생각에 잠겼다.

'임금이 하늘에 제사를 지내는 것만으로는 자연재해를 막을 수 없다. 하늘의 이치를 알아야 농사를 제대로 지을 수 있어. 우리 땅에 맞는 천문과 기상 연구가 필요하다!'

세종은 궁궐 안에 천문 관측대를 세웠다. 그리고 천문에 능한 사람들을 불러 모았다.

"천문관 윤사웅이 뛰어난 능력이 있다고 들었다. 그를 데리고 오너라."

"전하, 윤사웅은 지금 고향 전라도 장흥에 머물고 있습니다."

"역마*를 타고 지금 당장 올라오게 하라."

세종은 한번 정한 일은 빠르게 추진하는 성격이었다. 천문 연구를 시작한 이후 천문 관측에 필요한 일은 무엇이든 지원했다. 자주 천문 관측대를 찾아 천문 상황을 물었고 하루 종일 하늘을 지켜보느라 고생하는 천문 관측 관리들의 수고를 헤아리는 것도 잊지 않

* 역마: 조선 시대 각 역참에 갖추어 둔 말. 관에서 사용하는 교통이나 통신 수단.

았다. 밤을 새우며 일하는 천문관들을 승진시키고, 새 옷을 보내기도 했다.

　이렇게 시작한 천문 연구가 10년을 넘으면서 성과가 나오기 시작했다. 해가 뜨고 지는 시각과 달의 변화 모습을 연구한 결과를 농사 기술에 적용했다. 조선은 어느새 명에서 얻은 정보에 의존하지 않고 스스로 하늘의 변화를 분석하여 때에 맞춰 농사를 짓는 과학 기술의 나라로 변해 있었다.

"허허, 이것도 장영실이 고친 것인가?"
"그렇습니다. 장영실의 손을 거치면 죽었던

물건도 다시 살아난다니까요!"

궁궐 사람 서너 명이 작은 밭에 모여 있었다. 농사 기술을 실험하기 위해 세종이 일구는 밭이었다. 사람들은 얼마 전 고장이 난 수레를 장영실이 새것처럼 고쳐 놓은 것을 두고 이야기꽃을 피우고 있었다.

"며칠 전 밭을 가는데 따비*가 똑 부러졌지 뭔가. 그런데 장영실이 쇠를 두드리더니 더 날렵한 모양의 따비를 뚝딱 만들어 주었다오."

장영실에 관한 소문은 세종의 귀에까지 전해졌다. 세종은 가까이 있는 내시에게 물었다.

"장영실이 누구냐? 어떤 인물이기에 궁궐 사람들이 저리 칭찬하는지 궁금하구나."

"본래 동래현(지금의 부산) 관청의 노비였는데, 손재주가 좋기로 유명해 상왕께서 궁중 기술자로 두셨습니다. 지금은 농기구를 만들거나 수리하는 일을 맡아 하고 있습니다."

* 따비: 풀뿌리를 뽑거나 밭을 가는 데 쓰는 농기구.

"그래? 손재주가 용하다고* 하니 한번 보고 싶구나. 장영실을 데리고 오너라."

세종 앞에 엎드린 장영실은 너무 긴장해서 등에서 땀이 줄줄 흐르고, 다리가 후들거렸다.

"네가 장영실이냐? 네 재주를 쓸 곳이 있어 불렀다."

"무엇이든 분부만 내려 주십시오. 소인 성심껏 하겠나이다."

장영실이 떨리는 목소리로 대답했다.

"왕의 큰 임무 중 하나가 바로 하늘을 살피는 것이다. 하늘을 잘 알아야 농사를 잘 지을 수 있고, 농사를 잘 지어야 백성들이 배불리 먹을 수 있기 때문이다. 그래서 나도 하늘을 잘 알고 싶다."

장영실은 백성을 생각하는 임금의 깊은 마음에 감동했다.

세종은 장영실에게 명했다.

"하늘을 잘 알기 위해 천문 관측 기구가 필요하다. 또 정확한 절기와 시간을 알 수 있는 시계도 있어야 하지. 네가 명으로 가서 명의 천문 관측 기구와 물시계를 연구해 오너라. 그래서 그 연구를 바탕으로 조선의 실정에 맞는 천문 관측 기구와 물시계를 만들어다오."

* 용하다: 재주가 뛰어나고 특이하다.

세종의 목소리에는 굳은 의지가 담겨 있었다. 그리고 그 의지는 장영실에게도 고스란히 전해졌다.

　'그저 궁에 속한 노비일 뿐인 나에게 전하께서 특별히 명령하셨다. 반드시 전하께서 명하신 조선만의 천문 관측 기구와 시계를 만들어 낼 것이다. 그것이 나를 믿고 큰 임무를 맡기신 전하께 보답하는 길이고 또 조선 백성들을 위한 일이야.'

장영실은 사신들과 함께 명으로 가서 공부를 하고 1년 만에 조선으로 돌아왔다.

얼마 뒤 장영실은 세종의 기대에 화답하듯 천문 관측 기구인 혼천의를 만들어 냈다. 다음 해에는 물시계 자격루를 만들었다.

"자격루는 물길을 타고 굴러온 쇠구슬이 저절로 종을 쳐 정확한 시간을 알려 줍니다."

장영실은 물이 떨어지는 속도, 물이 차오르는 압력 등을 정밀하게 계산하여 자격루를 만들었다. 이전에도 물시계는 있었으나, 자격루는 확실히 달랐다. 사람 손을 거치지 않고 저절로 작동했다.

"장영실이 참으로 장한 일을 해냈구나! 명의 물시계보다 자격루가 훨씬 뛰어나다!"

세종은 장영실이 만든 자격루를 조선의 표준 시계로 사용했다. 자격루를 만든 같은 해에 장영실은 해시계 앙부일구도 만들었다.

"전하, 앙부일구는 청동으로 만든 동그란 반구에 침을 세운 해시계입니다. 이 침이 햇빛을 받아 그림자를 만들면서 바닥에 있는 선을 가리키지요. 앙부일구 안에 새겨진 가로줄은 절기, 세로줄은 시간을 나타냅니다."

장영실의 설명을 들은 세종은 무릎을 쳤다.

"앙부일구로 하루의 시간과 절기를 한 번에 알 수 있겠구나!"

"그러하옵니다, 태양이 반원을 그리며 움직이니 앙부일구도 반구 모양으로 만들어 정확도를 높였습니다."

"이는 백성들에게 큰 도움이 될 것이다."

세종은 사람들이 가장 많이 다니는 거리에 앙부일구를 설치하여 오가며 볼 수 있도록 했다. 백성들도 기뻐했다.

"낮에는 해시계 앙부일구, 밤에는 물시계 자격루가 시간을 알려 주니 참으로 좋구먼! 이제 정확한 시간과 절기를 알 수 있으니 시기를 놓쳐서 농사를 망치는 실수는 하지 않겠어."

세종은 장영실이 마음껏 연구할 수 있도록 높은 관직을 주었다. 하지만 신하들은 그런 세종의 결정에 거세게 반발했다.

"전하, 노비 출신 장영실에게 그런 높은 관직을 주시다니요. 아니 되옵니다."

신하들의 반대에도 세종은 뜻을 굽히지 않았다.

"장영실은 그만한 자격이 있다. 조선에 기계 다루는 솜씨가 그보다 뛰어난 이가 있단 말인가?"

세종은 수많은 과학 기구를 만들어 낸 장영실에게 '종3품 대호군'이라는 높은 벼슬을 주었다. 세종은 신분에 상관없이 능력 있는 사람에게 그 능력을 펼칠 기회를 주어야 한다고 생각했다. 또한 그것이 나라를 발전시키고 백성들의 삶을 나아지게 하는 길이라고 믿었다.

어느 해인가 많은 비가 내렸다. 세종은 몸이 아픈 중에도 신하들을 불러 나랏일을 물었다.

"청계천에 세운 수표*의 물 높이가 얼마나 되는가?"

"오늘 아침 관청에서 보고한 수치는 8척** 반입니다. 어제보다 반 척 낮아졌습니다."

"다행이다. 청계천 물이 흘러넘치는 상황은 벗어났구나."

비가 많이 내리면 청계천 근처의 집들이 물에 잠기는 일이 자주 있었다. 그래서 태종 때부터 수로 공사를 하며 관리했다. 세종은 이것에서 더 나아가 근처에 물의 높이를 측정하는 수표를 설치해 물난리를 예측하고 예방했다.

"전하, 자꾸 무리하시면 몸살이 낫지 않사옵니다. 며칠 일을 멈추시고 쉬셔야 합니다."

"백성이 겪을 고난을 생각하니 잠시도 마음 편히 있을 수가 없구나. 왕이 정성스러운 마음으로 백성을 이끌어야 백성이 먹고살 수 있고 나라가 부강해질 수 있다."

* 수표: 하천의 깊고 얕은 정도를 재는 기구.
** 척: 1척은 약 30.3센티미터를 뜻한다.

백성을 위한 글자를 만들다

　세종이 신하들과 나랏일을 의논하던 어느 날, 한 마을에서 살인 사건이 일어났다는 보고를 받았다.

　"아들이 아버지를 죽여? 조선에서 이런 끔찍한 일이 벌어지다니……. 부모를 공경하고 섬기는 효의 근본부터 다시 가르쳐야겠구나."

　그때 한 신하가 왕에게 건의했다.

　"효가 무엇인지 가르치는 책을 펴내는 것이 어떠할지요?"

　"좋은 생각이다! 이해하기 쉽도록 그림도 함께 넣도록 하라."

　그렇게 펴낸 책이 《삼강행실도》였다. 조선과 중국에서 모범이 되는 효자, 효녀, 충신의 이야기를 한자와 그림으로 엮은 책이었다. 그런데 몇 해 뒤 세종은 또 인륜*에 어긋나는 사건이 벌어졌다는 보고를 받았다.

　"형제가 재산 때문에 싸우다가 동생이 형을 죽이는 일이 있었습니다. 인륜을 저버린 동생을 엄한 벌에 처하시는 것이 마땅합니다."

* 인륜: 사람으로서 마땅히 지켜야 할 질서.

"어찌 또 이런 일이! 《삼강행실도》를 펴내도 아무런 효과가 없는 것이냐?"

"전하, 아뢰옵기 황공하오나 백성들이 글을 몰라 그 책을 읽지 못하는 형편입니다."

당시 조선은 한자를 문자로 사용하고 있었다. 사람들이 보는 책도, 나랏일을 알리는 공문도 모두 한자로 되어 있었다. 하지만 먹고살기 빠듯한 백성들은 한자를 공부할 여유가 없었다.

"백성들이 글을 익혀 책을 읽어야 사람의 도리를 깨닫고 실천할 터인데……. 또한 글을 몰라서 당하는 억울한 일도 얼마나 많겠는가."

세종은 백성 모두가 쉽게 배우고 쓸 수 있는 글자가 필요하다고 생각했다.

세종은 곧바로 말과 소리에 관한 학문을 공부하기 시작했다. 명을 오가는 사신을 통해 구한 책을 읽으며 발음 기관의 구조와 주변 여러 나라의 문자 원리를 연구했다.

'백성들이 쉽게 배우고 쓰려면 소리 나는 대로 쓸 수 있어야 한다. 한자에서는 '하늘'을 나타낼 때 글자로는 '天'이라고 쓰고, 입으로는 '천'이라고 소리를 내지. 이처럼 소리와 글자가 다르면 배우고 익히

는 게 어렵다. '하늘'이라고 말하면 그대로 '하늘'이라고 써야 해.'

　새로운 글자를 만들 결심은 굳혔으나, 한편으로는 걱정스럽기도 했다.

　'이 일을 누구와 의논하면 좋을까? 신하들의 반대가 심할 것이 뻔한데 말이야.'

　당시 조선은 명에 대한 사대주의*가 강했다. 명이 세상의 중심이며, 명의 정치, 법률, 문화가 가장 모범적이라 믿었다. 그런 상황에서 조선이 조선만의 글자를 만든다는 것은 명을 거스르는 것으로 여겨질 수도 있었다. 세종도 성리학을 나라의 기본 이념으로 삼고, 명과의 관계를 매우 중요하게 생각했다. 하지만 명의 눈치를 보느라 백성을 위한 일을 모른 척할 수는 없었다.

　세종은 세자인 큰아들 향을 불렀다. 향은 세종을 그대로 닮은 아들이었다. 늘 책을 가까이하는 것은 물론 천문과 과학에도 관심이 많았다. 군사를 지휘하여 전쟁에 이기는 병법을 익혔고, 무예 실력도 뛰어났다. 향은 늘 아버지에게 든든한 힘이 되어 주었다.

　"이번 강무는 세자가 맡아 해 주었으면 한다."

* 사대주의: 세력이 강한 상대를 섬기는 태도.

"강무라면, 왕이 참석하는 군사 훈련 아닙니까? 아바마마께서 무척 중요하게 여기는 나라의 행사인데, 어찌 저에게 그 일을 대신하라 하십니까?"

"이제는 나이가 들어 예전만큼 많은 일을 할 수 없구나. 나에게 주어진 시간 동안 이 나라 백성을 위해 꼭 해야 할 일이 있다. 조선의 미래를 위해 내가 직접 해야 하는 일이야."

"무슨 일인데, 중요한 나랏일까지 저에게 맡기시고, 그 일을 하려 하십니까?"

세종은 새 글자를 만드는 계획을 큰아들에게 털어놓았다.

"그게 가능한 일이옵니까? 조선만의 글자라니……. 이제까지 그 누구도 시도하지 않은 일이 아닙니까?"

"그러니 내가 직접 해 보려 한다."

"한자에 익숙한 신하들이 아바마마의 뜻을 받아들이지 않을 것입니다."

"이 일은 아무도 모르게 진행할 것이다. 새로운 글자를 개발하려면 많은 시간이 필요하니 그사이 세자가 나랏일을 맡아 주었으면 한다."

　세종은 본격적으로 새로운 글자를 만드는 일에 매달렸다. 아주 비밀스럽게, 가까운 몇 사람에게만 알렸다. 첫째 아들 향을 비롯하여 둘째 아들 수양 대군, 셋째 아들 안평 대군에게 도움을 청했다. 세종이 아끼는 딸 정의 공주도 동참했다.

　집현전 학사 몇 사람을 조용히 불러 새로운 글자 개발에 필요한 지시를 내렸다.

"명으로 가서 한자의 원리와 발음을 기록한 책을 구해 오라."

"몽골 언어를 기록한 책이 있다던데, 그 책을 찾아 오라."

"전국을 돌며 조선의 모든 말소리를 적어 오라. 동물의 울음소리, 자연에서 나는 소리, 사투리도 모아라."

세종은 모아 온 자료들을 읽으며 밤낮을 가리지 않고 연구했다. 다른 사람들의 도움도 있었지만 새 글자 만드는 거의 모든 작업을 세종이 직접 진행했다.

마침내 세종은 새로운 글자 28개를 완성했다. 일이 마무리될 무렵, 세종은 여러 사람을 대상으로 새로운 글자를 실험했다. 세종은 세자 향에게 새로 만든 글자를 가르쳐 보았다.

"새로운 글자로 '메 산(山)'이라는 한자의 뜻과 소리를 모두 적을 수 있습니다. 신기합니다, 아바마마."

"총명한 세자는 두 시간 만에 모든 글자를 익혔구나!"

"스물여덟 글자만 알면 무슨 소리든 적을 수 있으니 너무나 쉽습니다!"

세자의 말에 세종은 그동안의 모든 힘든 과정이 씻겨 내려가는 듯했다.

1443년, 세종은 새로운 글자에 '백성을 가르치는 바른 소리'라는 뜻의 '훈민정음'이라는 이름을 붙이고 그 탄생을 알렸다. 훈민정음은 모두가 깜짝 놀랄 만한 발표였다.

예상대로 신하들은 훈민정음 사용을 거세게 반대했다. 반대 이유를 적은 상소문이 날마다 세종에게 올라왔다. 그중에서도 최만리의 반대가 가장 심했다. 최만리는 유명한 학자이자, 집현전의 최고 책임자였다.

"전하, 훈민정음 사용은 있을 수 없는 일입니다. 새 글자를 쓰는 것은 명에 등을 돌리는 일이옵니다. 조선에서 한자가 아닌 새로운 글자를 쓴다는 사실을 명이 알게 되면 조선을 가만두지 않을 것입니다."

신하들은 한목소리로 한자가 아닌 조선의 글자를 쓰는 것은 있을 수 없는 일이라고 주장했다.

"우리말과 명의 말은 다르다. 그러니 글자도 달라야 한다."

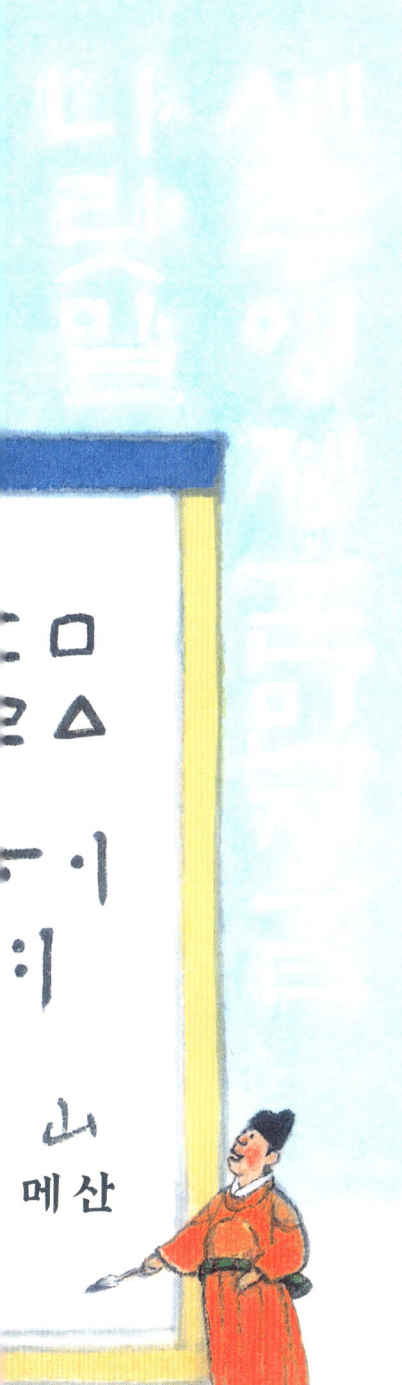

"한자가 아닌 다른 글자를 쓰는 나라는 몽골, 여진, 일본 따위입니다. 이들 모두 오랑캐가 아닙니까? 이것은 명을 버리고 스스로 오랑캐가 되는 길입니다."

세종이 답했다.

"그대들은 백성들이 어려운 한자를 몰라 억울한 일을 당하는 것을 안타깝게 생각한 적이 있는가? 새로운 글자는 백성들을 위한 것이다!"

"억울한 일을 당하는 것은 사람이 어리숙한 탓이지 글자 때문이 아닙니다. 조선의 글자는 명의 심기를 건드릴 것이옵니다. 명과의 관계가 나빠진다면 나라에 어려움이 닥칠 것입니다."

명과의 관계를 이유로 들었지만, 신하들은 백성들이 새로운 글자를 사용하는 것을 받아들일 수 없었다. 당시 글자를 아는 것은 높은 신분의 사람들만이 누리는 특별한 권리였기 때문에 신하들은 더욱더 백성들이 글자를 알아 똑똑해지는 것을 원하지 않았다. 그래서 어떻게든 훈민정음 사용을 막으려고 했다.

세종은 신하들과 토론을 계속했다. 반대 이유를 들어 보고, 설득하려 노력했지만, 최만리를 비롯한 신하들은 끝까지 주장을 굽히지 않았다.

"전하, 그런 쉬운 글자를 쓰면 누가 어려운 성리학을 공부하겠습니까? 새 글자는 새롭고 신기한 기술에 불과할 뿐, 학문에 방해되니 옳은 것이라 볼 수 없습니다."

"과인*이 이 나라 백성을 위해 만든 글자를 어찌 신기한 기술에 불과하다고 말할 수 있단 말인가?"

그러자 이번에는 집현전 학사 정창손이 나서서 말했다.

"전하, 백성들을 위한 글을 만든다고 백성들이 지혜로워지는 것은 아닙니다. 또한 행동이 바뀌는 것도 아닙니다. 지난번 《삼강행

---

* 과인: 임금이 자기를 낮추어 이르던 말.

실도》를 펴냈지만 충신과 효자가 나오지 않았습니다. 백성들이 훈민정음을 익혀 책을 읽는다고 해도 착한 사람, 예의 바른 사람이 되지는 않습니다."

훈민정음으로 백성들이 글을 아는 것이 떨떠름했던 정창손은 백성들이 글을 알고 교육을 받아도 타고난 미천함은 바뀔 수 없다고 말한 것이었다.

정창손의 말에 세종은 벼락같은 소리로 호통을 쳤다.

"감히 어디서 나의 백성을 업신여기고 깔보는 것인

가? 백성이 교육으로 달라지지 않는다면 인간이 왜 위대한 성인의 가르침을 들어야 한단 말인가? 그대들은 백성들 위에서 권력을 누리기 위해 그 자리에 있는 것인가? 진실로 아무짝에도 쓸모없는 선비로구나!"

세종의 호통에 모든 신하가 얼어붙고 말았다.

"백성을 무시하고 그 위에 서서 다스리려 하는 자는 백성을 위해 일할 자격이 없다!"

"저, 전하."

세종은 훈민정음 사용을 반대하는 최만리, 정창손 등 신하들을

 감옥에 가두어 버렸다. 하지만 다음 날 바로 풀어 주었다.
 "그대들이 임금의 의견에 반대한다고 벌을 준 것이 아니다. 감옥 안에서 백성들에 대해 잠시 생각할 시간을 가지라는 뜻이었다. 명과의 관계가 나빠질까 걱정스러운 마음은 알겠다. 하지만 그대들은 조선의 백성을 먼저 생각해야 하는 관리가 아닌가? 나에게는 명의 눈치를 보는 것보다 조선 백성의 불편함을 덜어 주는 일이 훨씬 중요하다!"
 하지만 신하들의 생각은 바뀌지 않았고 그런 신하들의 모습을 보는 세종의 마음은 무거웠다.

'어찌 백성들의 어려움은 돌보려 하지 않고 자신들의 이익만 생각한단 말인가!'

세종은 흔들리지 않았다. 이 글자를 통해 백성들의 삶이 나아질 것이라는 굳건한 믿음이 있었기 때문이었다.

세종이 만든 새 글자는 소리가 날 때의 입술 모양, 혀의 위치, 성대의 움직임을 본뜬 닿소리(자음) 17자와 하늘, 땅, 사람의 모양을 따서 만든 홀소리(모음) 11자, 총 28글자로 이루어져 있었다. 세종은 훈민정음을 완성한 뒤에도 어떻게 하면 백성들이 쉽게 익히고, 널리 쓸 수 있을지를 계속 연구했다.

어느 날 세종은 집현전 학사 성삼문과 신숙주를 불렀다. 성삼문은 세종의 훈민정음 개발을 도운 학자였고 신숙주는 여섯 나라의 말을 할 줄 아는 외국어 전문가였다.

"요동*에 가서 황찬을 만나고 오라. 그가 지금 요동에서 귀양을 살고 있다고 들었다."

"황찬이라면, 명 최고의 언어학자 말씀이옵니까?"

"그렇다. 황찬을 만나 훈민정음으로 한자음을 정확하게 표기하는 방법을 알아 오라."

성삼문과 신숙주는 세종의 지시를 받고 열세 번이나 압록강을 건너 황찬을 찾아갔다. 말의 뜻과 소리의 원리를 묻고, 훈민정음 활용에 필요한 조언을 듣기 위해서였다.

"백성을 위해 글자를 만든 임금은 지금까지 어떤 역사서에도 본 적이 없었소. 조선은 참으로 백성을 사랑하는 임금을 두었구려."

* 요동: 중국 만주 지방의 남부 평야를 흐르는 랴오허강의 동쪽 지역.

황찬은 한 사람의 힘으로 문자를 만들었다는 사실에 놀란 것은 물론 훈민정음 창제 의의에 깊은 감명을 받았다. 그래서 세종이 보낸 신하들에게 더 열심히 언어학을 가르쳤다.

세종은 집현전 학사들에게 《용비어천가》를 짓게 했다. 훈민정음의 사용을 실험한 것이었다. 《용비어천가》는 조선의 역대 왕들의 공덕을 기리는 노래로 훈민정음으로 쓴 최초의 작품이었다.

이런 연구 끝에 새 글자에 대해 확신을 가진 세종은 1446년 훈민정음을 공식적으로 반포했다*. 동시에 훈민정음을 어떻게 만들었는지를 기록한 책인 《훈민정음해례본》을 펴냈다.

훈민정음을 반포한 뒤, 세종은 관리들이 쓰는 공식 문서에 훈민정음을 사용하게 했다. 관리를 뽑는 시험 과목에 넣어 훈민정음 사용 능력을 평가하기도 했다.

"앞으로는 죄를 지은 사람에게 어떤 법을 적용했는지, 왜 이런 벌을 주는지를 훈민정음으로 써서 알려 주어라!"

백성들이 관아에 제출하는 문서도 쉬운 훈민정음으로 쓰게 했다. 세종은 높은 관리가 죄를 짓자 그를 벌하는 내용을 훈민정음으로

---

* 반포하다: 세상에 널리 퍼뜨려 모두 알게 하다.

적어 의금부에 내려보냈다. 왕이 훈민정음을 사용하니 관리들도 서둘러 훈민정음을 배워야 했다.

 곧 훈민정음은 양반, 중인, 상민, 노비, 여성, 어린이 사이에서 퍼져 나갔다. 고향을 떠나 먼 곳으로 시집온 딸이 훈민정음을 배워 10년 넘게 만나지 못한 친정어머니에게 처음으로 편지를 썼다. 나이 든 친정어머니도 나흘 만에 훈민정음을 익혀 편지를 읽을 수 있었다. 글을 읽지 못해 문서의 내용을 알지 못하거나 계약서가 잘못된 줄 모르고 억울한 일을 겪었던 사람들도 이제 훈민정음으로 적힌 글을 읽을 수 있었다.

 백성들은 글을 읽고 쓰면서 마치 새로운 세상을 만난 듯했다. 처음에는 훈민정음에 관심이 없던 사람들도 그런 일들을 보고 들으며 차츰 생각이 바뀌었다. 그리고 글을 읽고 쓰는 것으로 자신들의 삶을 바꿀 수 있다는 것을 깨닫게 되었다.

 '지혜로운 사람은 아침나절이 되기 전에 이해하고, 어리석은 사람이라도 열흘이면 배울 수 있다.'라고 쓰인 《훈민정음해례본》의 내용 그대로 훈민정음은 누구나 쉽게 배울 수 있는 글자였다.

백성을 사랑한 임금

1450년 2월, 나랏일에만 매달리던 세종의 몸 상태가 심상치 않았다. 눈은 거의 보이지 않아 앞에 있는 사람을 알아보지 못할 지경이었고, 다리도 불편해 신하들이 부축해야 겨우 걸을 수 있었다. 어의가 치료하면 조금 나아지다가, 다시 아프기를 반복했다.

"전하, 궁궐 안에 계시면 자꾸만 일을 하시니, 궁을 떠나 치료에 전념하셔야 합니다."

어의와 신하들의 요청에 세종은 어쩔 수 없이 여덟째 아들 영응 대군의 집으로 갔다.

훈민정음 창제에 매달릴 때 세종은 이미 건강이 좋지 않았다. 그런데도 글자를 연구하느라 무리한 탓에 병이 점점 깊어진 것이다. 세자 향이 아버지를 대신해 나랏일을 돌보았다.

하지만 세종의 병은 나아질 기미가 보이지 않았다. 몸만 아픈 것이 아니라 극심한 정신적 고통도 겪고 있었다. 세종이 훈민정음 창제에 전념하는 동안 다섯째 아들 광평 대군, 일곱째 아들 평원 대군, 그리고 아내 소헌 왕후가 연이어 세상을 떠났다. 가족을 잃은 세종의 슬픔은 말로 다할 수 없을 만큼 컸다. 사랑하는 이들의 죽음은 세종의 몸을 더욱 쇠약하게 만들었다.

세종은 자신에게도 죽음이 다가오고 있음을 느끼고, 떠날 준비를 시작했다.

"내가 죽으면 아내 곁에 묻어라. 또 내 무덤에는 병풍석*을 세우지 마라. 죽은 임금의 무덤에 병풍석을 세우느라 살아 있는 백성들이 고생하면 내 마음이 편치 않다."

왕의 무덤에 병풍석을 세우는 것은 큰 비용과 노동력이 들어가는 일이었다. 세종은 죽음 앞에서도 백성을 먼저 생각했다.

세종은 세자와 신하들을 불러 모았다. 그러고는 마지막 남은 힘을 쥐어짜 말했다.

"세자는 백성을 자식처럼 아끼고…… 사랑하라. 임금은 백성들이 평안하게 살 수 있도록…… 해 주어야 한다. 그것이 임금이 해야 할 일이다."

세종의 눈이 빛을 잃어 가고 있었다.

왕위에 오른 지 32년 만인 1450년, 세종은 세상을 떠났다.

---

* 병풍석: 무덤을 보호하기 위해 무덤 둘레에 병풍처럼 세우는 돌.

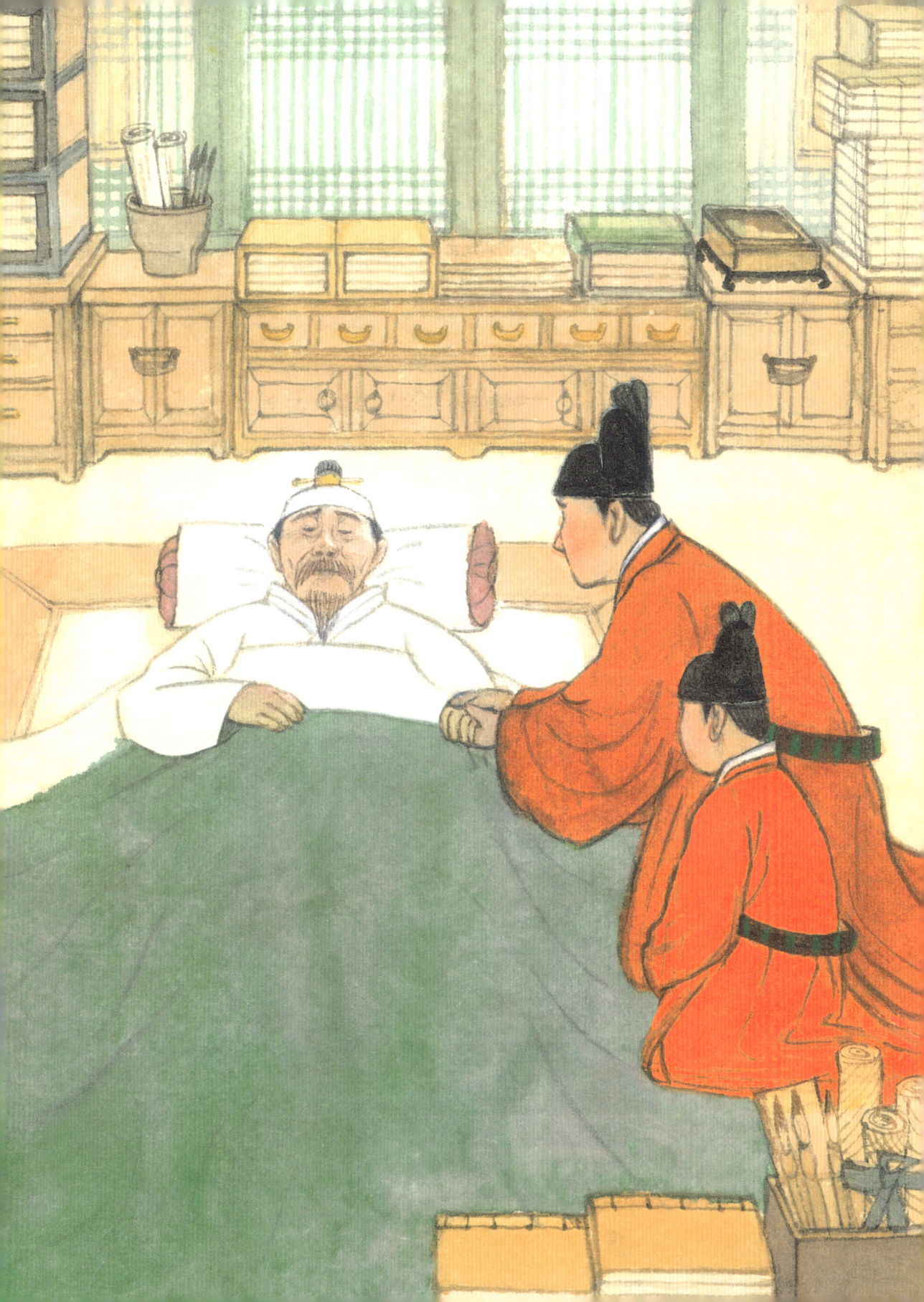

세종 시대의 역사를 기록한 《세종실록》에는 '왕의 죽음을 듣고 울지 않는 백성이 없었다. …… 사람들은 32년간 왕의 백성으로 사는 것을 기뻐하였다.'라고 기록되었다.

인물의 발자취를 찾아 떠나는 여행

 세종 대왕의 하루는 어땠을까요?

여러분은 아침에 일어나 잠자리에 들 때까지 어디서 어떻게 하루를 보내고 있나요? 만약 조선 시대의 왕으로 태어났다면 어떤 하루를 보내고 있을지 생각해 본 적 있나요? 왕의 하루는 어땠을까요?

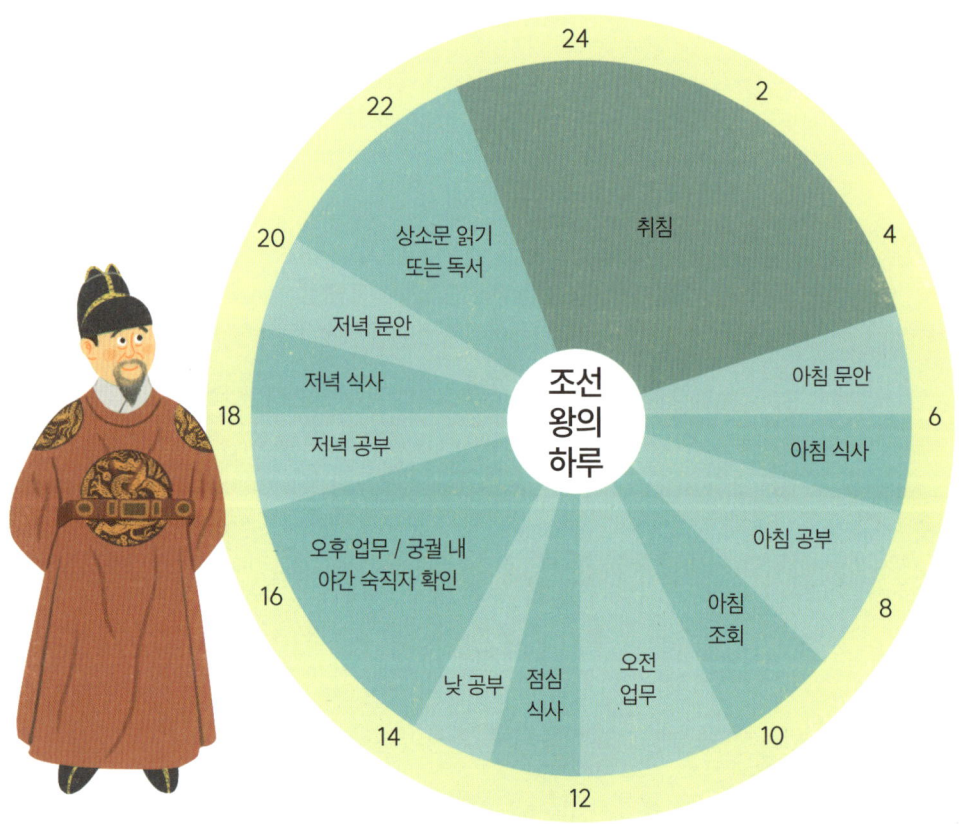

조선 시대의 기록인 《승정원일기》에 나타난 왕의 하루를 일과표로 만들면 왼쪽 그림과 같아요. 이른 새벽부터 이어지는 공부와 업무 그리고 회의는 참 고단해 보입니다. 바쁜 시간을 쪼개고 또 쪼개서 이 모든 일을 했다고 생각하니 왕은 정말로 힘든 직업이었네요.

조선의 제4대 왕이었던 세종 대왕은 재위 기간에 정치, 경제, 국방, 사회, 과학, 문화 등 모든 분야를 발전시켜 전성기를 이룩했어요. 세종 대왕은 대부분의 일생을 경복궁에서 보냈지만, 조선 땅과 백성을 사랑하는 마음으로 이곳저곳 많은 자취를 남겼지요. 세종 대왕의 흔적을 찾아 떠나는 여행은 한양 도성에서 시작합니다!

조선 시대 정치와 경제의 중심지, 한양

첫 번째로 세종 대왕을 만나 볼 장소는 바로 조선의 500년 도읍지인 한양입니다.

한양은 도성을 둘러싸고 있는 성곽을 따라 동서남북에 4개의 큰 문을 두었어요. '인의예지신'이라는 유교의 덕목과 동서남북 방위의 의미를 짝지어 문의 이름을 만들었지요. 흥인지문, 돈의문, 숭례문, 숙정문(숙정문은 예외적으로 '지'라는 글자를 사용하지 않았어요. '정'이라는 글자에 그 뜻이 포함돼 있다고 보기도 해요.) 그리고 한가운데 보신각이라는 종각을 세웠지요. 이 건축물들은 현재 우리나라를 대표하는 문화재이며 이 지역을 상징하고 있어요.

조선의 정식 궁궐로 지어진 경복궁은 나무로 지어져서 불이 나면 손 쓰기가 매우 어려운 문제가 있어요. 그래서 화재가 발생하거나 다른 이유로 경복궁을 쓸 수 없을 때 왕이 생활할 수 있는 궁궐로 후대에 창덕궁, 창경궁, 경희궁, 경운궁(덕수궁) 등이 차례로 지어졌어요. 왕이 주로 생활하는 곳을 법궁, 그 밖의 궁을 이궁이라고 부르는데, 세종 대왕은 경복궁을 법궁으로 사용했죠.

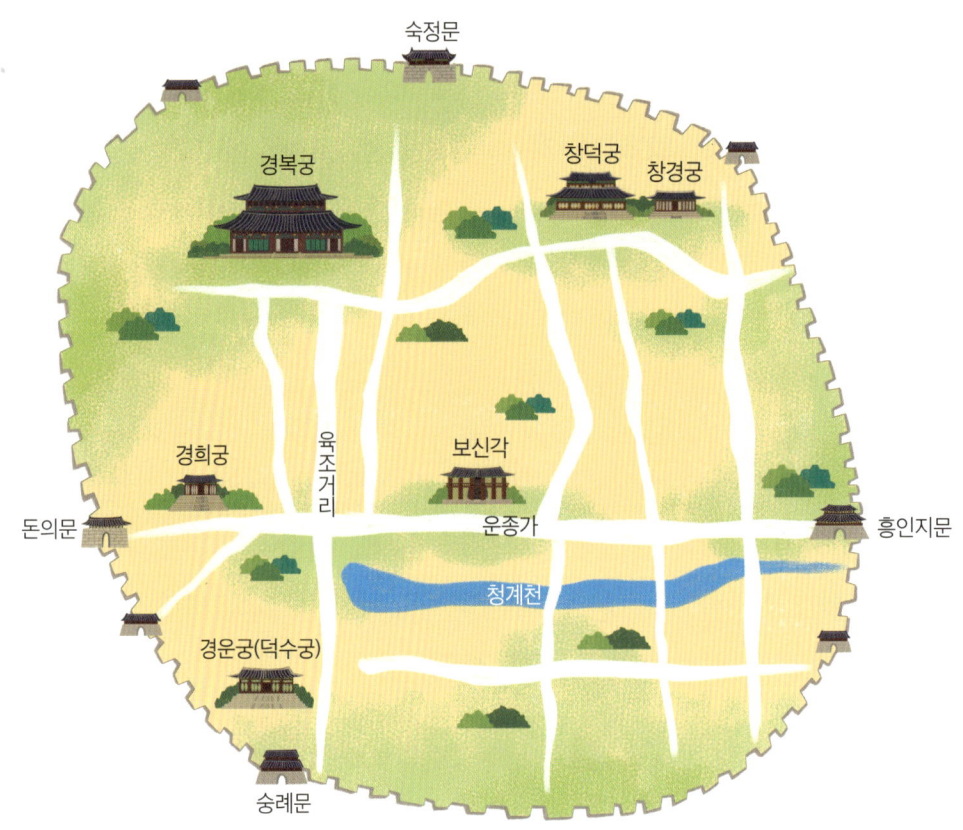

경복궁의 동쪽으로는 역대 왕들에게 제사를 지내는 종묘가, 서쪽으로는 하늘에 제사를 지내는 사직단이 들어섰어요. 유교와 농경을 중시하는 국가의 모습을 보여 주는 도시 설계였죠.

경복궁의 정문인 광화문부터 곧게 뻗은 육조거리는 관청이 모여 있는 정치의 중심지였어요. 지금은 이곳을 세종로라고 부르고 있지요. 이 길의 끝에 있는 사거리에서 좌우로 펼쳐진 도로는 운종가라고 불렀는데, 상점이 밀집한 한양 최대의 번화가였어요. 밤낮으로 사람들이 모여 시끌벅적 활기를 띠는 이곳에서 세종 대왕은 백성들의 생활을 유심히 관찰하고 무엇이 필요한지 연구했을 거예요.

▲ 보신각 ⓒ 서터스톡

조선을 대표하는 궁궐, 경복궁

조선의 첫 번째 임금인 태조 이성계가 건축한 경복궁은 조선을 대표하는 궁이에요. 유교 경전인 《시경》에 나오는 '왕과 왕의 자손, 백성이 모두 복을 누린다'는 뜻의 '경복'에서 이름을 따왔죠. 경복궁을 설계하고 건물에 이름을 붙인 사람은 이성계를 도와 조선을 건국한 정도전이에요.

경복궁의 정문인 광화문을 통과해 흥례문과 근정문을 지나면 우뚝 솟은 근정전의 위엄 있는 모습을 볼 수 있어요. 근정전은 왕과 신하들이 모여 국가의 중요한 의식을 거행하고 외국의 사신을 접대하던 경복궁의 중심이었어요. 세종 대왕의 즉위식과 세자의 혼인 의식도 이곳에서 열렸죠.

근정전 뒤에는 왕의 집무실인 사정전과 수정전이 있어요. 그 뒤로 왕의 침소인 강녕전, 왕비의 침소인 교태전을 비롯하여 많은 건물이 들어섰어요. 근정전의 동쪽에는 세자가 생활하는 동궁을 두었는데, 그래서 세자를 종종 동궁이라 부르게 되었죠. 태종 때 경회루가 완공되면서 경복궁은 비로소 조선의 궁궐다운 면모를 갖추게 되었답니다.

▲ 경복궁 전경 ⓒ 셔터스톡

▼ 경복궁 근정전 ⓒ 셔터스톡

조선 최고의 학문 연구 기관, 집현전

학자들을 귀하게 여겼던 세종 대왕은 경복궁 경회루 남쪽에 집현전을 설치했어요. 이 자리에 수정전이 새로 세워지기 전까지 학자들이 모여 학문을 연구하고 세종 대왕과 함께 토론하던 곳이었죠. 세종 대왕은 집현전 학사들에게 원하는 곳 어디서든 공부할 수 있도록 휴가를 주고, 책을 살 수 있는 돈과 노비를 지원해 마음껏 공부하도록 했어요.

세종 대왕은 1443년 '백성을 가르치는 바른 소리'라는 뜻의 훈민정음을 창제했어요. 그리고 집현전 학사들과 훈민정음을 설명한 한문 해설서 《훈민정음해례본》을 만들었지요. 이 책

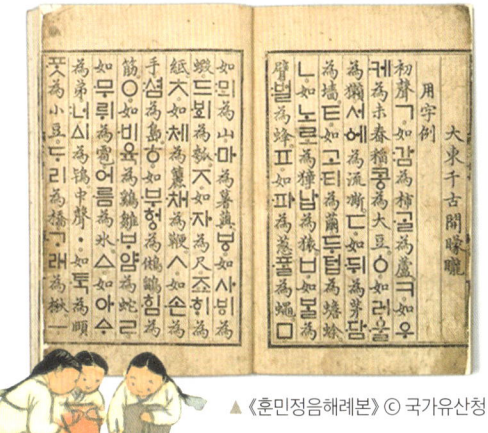

▲ 《훈민정음해례본》 ⓒ 국가유산청

▼ 세종 대왕 동상 ⓒ 셔터스톡

▲ 경복궁 집현전 자리에 세워진 수정전 ⓒ 국가유산청

에서 세종 대왕은 직접 글을 써 한글을 만든 이유와 사용법을 설명했어요. 정인지, 신숙주, 성삼문 등 집현전 학사 8명은 한글의 원리와 사용법을 적었지요. 왕이 직접 백성을 위해 만들고 해설까지 붙인 한글은 창제 정신과 의의가 높은 평가를 받았어요. 그 덕분에 《훈민정음해례본》은 1997년 유네스코 세계 기록 유산으로도 선정되었지요. 세종 대왕의 업적을 기리기 위해 폴란드 바르샤바에서는 정규 교과목에 한글을 가르치는 '세종 대왕 고등학교'라는 학교가 세워지기도 했어요. 그리고 유네스코에서 매년 문맹 퇴치에 공헌한 사람에게 유네스코 '세종 대왕 문해상'이라는 특별한 상을 주기도 한답니다.

▲ 종묘 ⓒ 국가유산청

▲ 종묘 제례 ⓒ 셔터스톡

왕실의 조상을 섬기는 곳, 종묘

　종묘는 조선 왕실의 조상과 왕, 왕비의 신주를 모시고 제사를 지내는 국가 최고의 유교 사당이에요. 신주는 죽은 사람의 이름을 적은 나무패로, 사람들은 죽은 사람의 영혼이 신주에 깃들어 있다고 믿고 소중하게 모셨지요. 그 결과 종묘 건물에는 시간이 지날수록 점점 많은 신주가 들어차게 되었어요. 건물은 점차 확대되었고, 결국 좌우의 길이가 100미터가 넘는 긴 건물이 되었다고 해요.

　이곳 종묘에서는 계절에 따라 다양한 제사가 이루어졌어요. 종묘는 단정한 건축 양식뿐 아니라 해마다 진행하는 종묘 제례 역시 뛰어난 가치를 인정받아 1995년, 유네스코 세계 문화유산으로 지정됐어요.

　세종 대왕은 이곳에서 제례가 행해지는 날이면 신하들을 거느리고 엄격한 절차에 따라서 조상에게 예를 갖추었을 거예요. 제사를 지낼 때 연주되는 종묘 제례악은 세종 대왕이 직접 작곡했다고 해요.

청계천의 수위를 측정하던 수표교

농업을 국가의 중요한 기반으로 삼았던 조선에서는 비가 오는 양을 측정해서 농사에 활용하는 것이 아주 중요했어요. 수표교는 청계천에 놓여 있던 나무로 만든 다리 중 하나로, 세종 대왕이 다리 기둥 옆에 청계천의 수위를 측정하기 위한 수표를 세우면서 수표교라고 불리게 되었대요.

수표교는 어느 날부터인가 돌다리로 바뀌더니 이후 몇 번의 보수 공사를 거쳤어요. 그리고 1959년 위생 및 도로 정비 등의 문제로 청계천을 덮는 공사를 하면서 장충동으로 옮겨져 지금까지 유지되고 있답니다. 이밖에 세종 대왕 시대에 장영실을 통해 만들어진 수많은 발명품 역시 농사에 큰 도움이 되었지요.

▼ 수표교 ⓒ 국가유산청

세종 대왕의 병을 치료한 온양 행궁

조선의 왕들은 태조 때부터 각종 온천을 찾았다는 기록이 있어요. 우리가 알고 있는 조선의 왕들은 대부분 온천을 즐겼는데, 특히 온양 온천은 세종 대왕이 사랑했던 장소라고 해요.

고기 반찬을 좋아한 세종 대왕은 비만이었다고 해요. 거기다 많은 일을 하며 몸을 돌보지 않아 각종 질병을 앓고 있었어요. 《조선왕조실록》에는 세종 대왕이 무릎 통증, 허리 통증, 갈증, 눈병 등 성인병으로 고생했다는 기록이 자주 등장하죠. 그중 세종 대왕을 가장 괴롭힌 것은 눈병이었어요. 아마도 책을 너무 많이 읽은 탓일 거예요.

온양 온천은 한양과 거리가 가깝고 온천물이 눈병에 효과가 있어서 세종 대왕이 행궁을 지어 자주 행차했어요. 온양 행궁을 지을 당시 세종 대왕은 설계도를 직접 보면서 규모를 축소하라 지시하고, 욕장 위주의 시설을 간략히 만들어서 사용했어요. 백성을 사랑하는 마음이 또 한 번 느껴지는 부분이죠. 온양 행궁이 있던 자리는

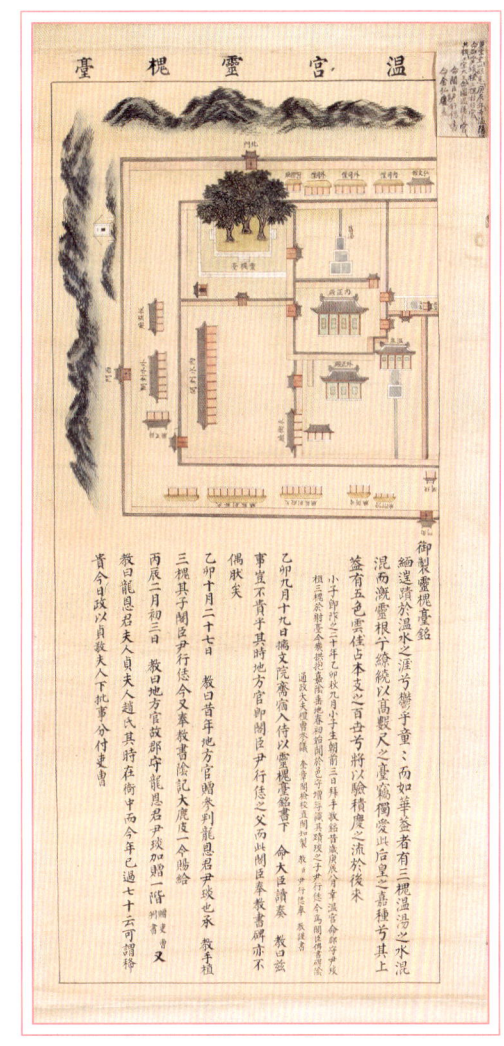

▲ 조선 시대에 그려진 온양 행궁의 모습 ⓒ 국립중앙박물관

현재 유명한 온천 호텔이 들어서 운영 중이랍니다. 세종 대왕이 사랑했던 온양 온천을 부모님과 함께 가 보면 어떨까요?

세종 대왕의 무덤 영릉

세종 대왕의 발자취를 찾아서 마지막으로 둘러볼 장소는 경기도 여주시에 있는 영릉입니다. '능(陵)'이란 왕과 왕비의 무덤을 말하는데요. 세자나 세자빈의 무덤은 '원', 그 밖의 왕족

▼ 세종 대왕의 무덤 영릉과 정자각 ⓒ 국가유산청

과 일반인의 무덤은 '묘'라고 부르지요.

　조선 왕릉은 주변 경관과 보존 상태가 우수하고, 경건한 제사 의식이 이어져 온 데다 건축학적으로도 큰 의미가 있어요. 왕릉은 조선을 이해하는 중요한 열쇠로 손꼽힙니다. 그래서 유네스코에서는 40기에 달하는 조선 왕릉을 세계 문화유산으로 지정해서 인류의 보물로 여기고 있답니다.

　세종 대왕과 소헌 왕후가 함께 묻힌 영릉은 우리나라 역사상 가장 위대한 왕의 무덤답게 능역이 매우 넓고 울창한 소나무 숲을 자랑하고 있어요. 사진 속에 보이는 봉분은 하나이지만, 봉분 속에는 두 개로 방을 따로 나누어 왕과 왕비를 각각 모셨지요. 다른 왕릉과 달리 영릉은 무덤 주변에 병풍석도 두르지 않고 소박한 모습을 하고 있는데 이는 세종 대왕의 특별한 유언이 있었기 때문이에요. 왕릉을 만드느라 고생할 백성들의 노고를 줄이고자 했던 세종 대왕의 따뜻한 마음이 느껴져요.

인물 연표

◆ 세종 대왕

1397
조선 제3대 왕 태종과 원경 왕후 사이에서 셋째 아들로 태어났어요.

1443
훈민정음을 창제했어요.
4군을 설치해서 조선의 국경을 압록강까지 넓혔어요.

1441
세계 최초의 강우량 측정 기구인 측우기가 만들어졌어요.

1446
훈민정음을 반포하고, 사용 방법을 담은 《훈민정음해례본》을 펴냈어요.

1449
여진족을 정벌하여 6진을 완성하고 국경을 두만강까지 이르게 했어요.

1418

큰형을 대신해 세자가 되고,
두 달 뒤에 왕위에 올라
조선 제4대 왕이 되었어요.

1419

노략질을 일삼는
왜구의 본거지 쓰시마섬을
정벌했어요.

1434

장영실이 만든
해시계 앙부일구를
종로 혜정교와 종묘 앞에
설치했어요.

1420

궁궐 안에
집현전을 설치하고
유능한 인재를 뽑았어요.

1450

정치, 경제, 국방, 사회, 문화,
과학 등 모든 분야에서
조선의 찬란한 전성기를
이룩하고 세상을 떠났어요.

찾아보기

《삼강행실도》 … 60, 61, 70, 71
《세종실록》 … 82
《조선왕조실록》 … 93
《훈민정음해례본》 … 76, 77, 89, 90, 96
4군 … 37, 96
6진 … 39, 96

강무 … 63, 64
건국 … 10, 87
경복궁 … 85, 86, 87, 88, 89, 90
경연 … 20, 21
경전 … 20, 21, 87
경회루 … 88, 89
광화문 … 86
귀양 … 12, 75
근정전 … 87, 88
금부삼복법 … 30

노략질 … 32, 38, 97

닿소리 … 74

도성 … 85
동궁 … 88

물시계 … 53, 55, 56, 58

병풍석 … 80, 95
보신각 … 85, 86, 87

사대주의 … 63
사직단 … 86
상소문 … 67, 84
상왕 … 18, 31, 52
서연 … 13, 20
성리학 … 10, 19, 63, 70
소복 … 45
소헌 왕후 … 79, 95
수표 … 59, 92
수표교 … 92
숭례문 … 85, 86
신진 사대부 … 10, 12
쓰시마섬 … 32, 33, 34, 37, 97

앙부일구	56, 58, 97	천문	20, 48, 49, 50, 51, 53, 54, 55, 63
어의	79	천문 관측대	49, 51
여진족	36, 37, 38, 39, 96	청계천	59, 86, 92
역마	50	측우기	96
역법	48		
영릉	94, 95	포탄	40, 42
왜구	31, 32, 33, 34, 97		
운종가	86	행궁	24, 25, 93
육조거리	86	혼천의	55
의례	19	홀소리	75
인륜	60	흥인지문	85, 86
일식	45, 46, 48		
자격루	55, 56, 58		
종묘	86, 91, 97		
종묘 제례	91		
주상	31, 32		
주악	24, 25		
집현전	19, 20, 23, 65, 67, 70, 75, 76, 89, 90, 97		

조선을 꽃피운 위대한 임금

초판 1쇄 발행 2024년 05월 01일
초판 2쇄 발행 2025년 05월 01일

글 이정주 **그림** 김호랑
발행처 주식회사 스푼북 **발행인** 박상희 **총괄** 김남원
편집 길유진 김선영 박선정 이민주 이지은
디자인 이지숙 권수아 정진희 **마케팅** 박병건 박미소
출판신고 2016년 11월 15일 제2017- 000267호
주소 (03993) 서울시 마포구 월드컵북로6길 88-7 ky21빌딩 2층
전화 02- 6357- 0050(편집) 02- 6357- 0051(마케팅)
팩스 02- 6357- 0052   **전자우편** book@spoonbook.co.kr

ⓒ이정주, 김호랑 2024
ISBN 979- 11- 6581- 532- 5 (73910)

* 저작권법에 의하여 한국 내에서 보호를 받는 저작물이므로 무단 전재와 무단 복제를 금합니다.
* 잘못 만들어진 책은 구입하신 곳에서 바꾸어 드립니다.

제품명 조선을 꽃피운 위대한 임금
제조자명 주식회사 스푼북 | **제조국명** 대한민국 | **전화번호** 02-6357-0050
주소 (03993) 서울시 마포구 월드컵북로6길 88-7 ky21빌딩 2층
제조년월 2025년 05월 01일 | **사용연령** 10세 이상
※ KC마크는 이 제품이 공통안전기준에 적합하였음을 의미합니다.

⚠ 주 의
아이들이 모서리에 다치지 않게 주의하세요.